AF290324

# DAS FREEMIUM-MODELL

## „Gratis" als Verkaufsinstrument

Verfasst von Mouna Guidiri
In Zusammenarbeit mit Anne-Christine Cadiat
Übersetzt von Mareike Lobeck

# DAS FREEMIUM-MODELL

## SCHLÜSSELINFORMATIONEN

- **Bezeichnungen:** Freemium, Free-To-Play
- **Anwendungsbereiche:** Geschäftsmodell für digitale Produkte und Daten
- **Warum ist es so gut?** Originelles Kostenmanagement, massive Kundengewinnung, geeignet für digitale Produkte
- **Schlüsselwörter:**
  - Digitale Produkte: nicht greifbare Produkte, die digitale Daten enthalten und über ein Datennetz verschickt werden können
  - Konversionsrate: Prozentsatz der Anwender, die sich (nachdem sie vom kostenlosen Produkt angelockt wurden) schließlich für die Premiumversion entscheiden
  - Geschäftsmodell: fasst alle Aktivitäten des Unternehmens zusammen, darunter Ziele, Prozesse, Ressourcen

# EINLEITUNG

*There is no such Thing as a Free Lunch* (auf Deutsch etwa „So etwas wie ein kostenloses Mittagessen gibt es nicht")[1] ist der Titel einer Essay-Sammlung des amerikanischen Wirtschaftswissenschaftlers Milton Friedman (1912-2006) und gibt Aufschluss über die Haltung der meisten Ökonomen bezüglich Kostenfreiheit: Es gibt sie ganz einfach nicht.

## GUT ZU WISSEN: *THERE IS NO SUCH THING AS A FREE LUNCH*

Diese englische Redewendung wurde von Wirtschaftswissenschaftlern wie Friedman verbreitet. Sie räumt mit der Illusion der Kostenfreiheit auf: Alles hat seinen Preis, seien es direkte oder indirekte, offensichtliche oder versteckte Kosten.

Im Internet finden sich jedoch Beispiele, die diese These scheinbar widerlegen – von *Spotify* über *Dropbox* bis hin zu einer Vielzahl Antivirus-

---

1. Auf Deutsch erschienen als: *Es gibt nichts umsonst. Warum in einer Volkswirtschaft jede Mark verdient werden muß*. Moderne Industrie: 1984.

Programme. Doch auch diese Produkte sind nicht vollkommen kostenlos:

- *Spotify* beschränkt die Nutzung und sendet Werbung
- *Dropbox* bietet nur einen begrenzten Speicherplatz gratis an
- Antivirus-Programme beinhalten lediglich eine Basisversion zum Schutz

Die Angebotsform ist bei allen drei Anwendungen die gleiche: Es werden eine kostenlose Version (*free*) und eine umfangreichere, zahlungspflichtige Version (*premium*) angeboten.

## Hintergrund

Der Vertrieb von Gratisproben besteht schon seit langer Zeit: Die Methode, kleine Mengen eines Produkts (Lebensmittel, Shampoo, Getränk etc.) anzubieten, hat sich bewährt, da so Kunden angezogen und subtil zum Kauf bewegt werden. Das Freemium-Modell ist sicherlich davon inspiriert, da es ganz ähnlich funktioniert – nur auf digitaler Ebene. Dieses Geschäftsmodell der Kostenfreiheit wird in den 1980er Jahren speziell für Computerprogramme entwickelt.

Im Jahr 2006 gibt Jarid Lukin des Daten-Dienstleistungsunternehmens *Alacra* dem Modell schließlich den Namen *Freemium*, der sich aus den beiden Wörtern *free* und *premium* zusammensetzt.

## Definition

Freemium ist ein Geschäftsmodell, das zwei Preisstrategien miteinander kombiniert. Für ein Produkt werden zwei Angebote gemacht: Das eine ist gratis und frei zugänglich, das andere ist kostenpflichtig und bietet verbesserte und/oder zusätzliche Leistungen.

Die Strategie des Modells baut dabei auf das Potenzial der kostenlosen Version, eine große Anzahl an Anwendern anzuziehen und zu binden. Ziel dabei ist, dass so viele Anwender der kosten-losen Version wie möglich zur kostenpflichtigen Version wechseln.

Die Methode kann dabei jedoch nicht für jedes Produkt angewendet werden. Zwar gibt es zahlreiche Beispiele für die Anwendung bei Softwares und Computerspielen, gerade kulturelle Produkte stellen allerdings eine

Herausforderung dar. So kann der Mehrwert der Strategie zwar beachtlich sein, es sollte jedoch im Vorfeld eine detaillierte Analyse des Produkt- bzw. Dienstleistungsumfelds sowie der Funktions- und Vertriebskosten etc. angefertigt werden.

# DAS FREEMIUM-MODELL IN DER THEORIE

## WELCHE GRATISFORMEN GIBT ES?

Es gibt verschiedene Gratisformen:

- **Kostenloses Angebot, um Kunden anzuziehen und zum Kauf zu bewegen:** Dabei wird das kostenlose Basisprodukt gleichzeitig mit Zusatzprodukten verkauft (zum Beispiel: ein Gratisrasierer beim Kauf von drei Klingen).
- **Kostenloses Angebot durch die Unterstützung von Dritten/Zwischenhändlern:** Hier finanzieren Werbetreibende den Produzenten im Gegenzug für einen Werbeplatz, da sie wissen, dass sie selbst letztlich indirekt von den Kunden finanziert werden (der Preis für die Werbung ist im Produktpreis, der vom Werbetreibenden gedeckt wird, enthalten).
- **Kostenloses Angebot im Tausch für Ansehen:** Diese Form ist die seltenste in einer Marktwirtschaft. Das Produkt wird im Gegenzug für Aufmerksamkeit, Ansehen etc.

angeboten, also für etwas, das keinen finanzi-
ellen Wert hat.

**Gratisformen**

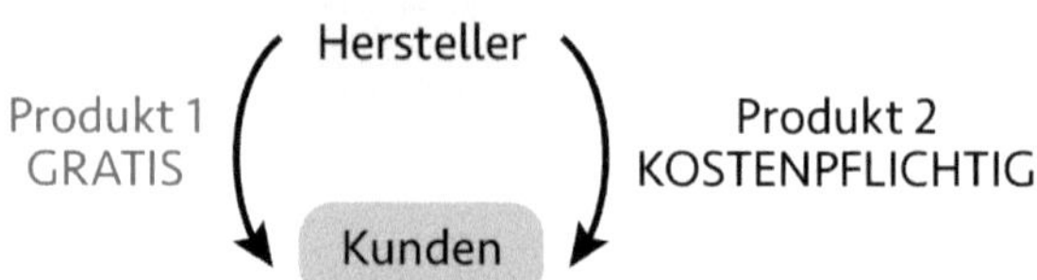


Die Gratisversion soll Kunden anziehen und
dazu bewegen, das Produkt erneut zu kaufen.

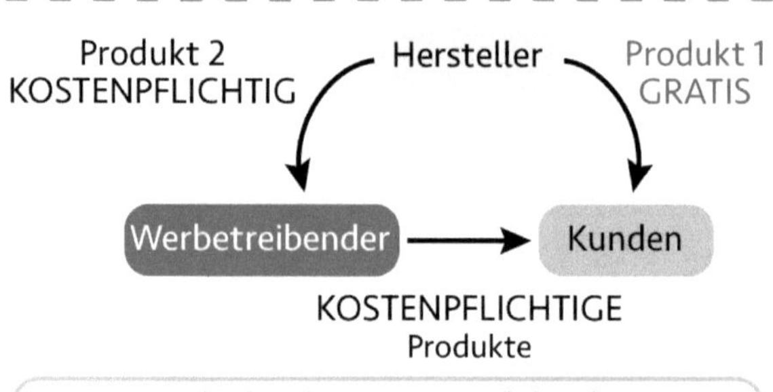

- Im Freemium-Geschäftsmodell kann ein kostenfreies Angebot gemacht werden, indem ein kleiner Teil der Kunden für alle Anwender der Gratisversion mitzahlt.

**Freemium**

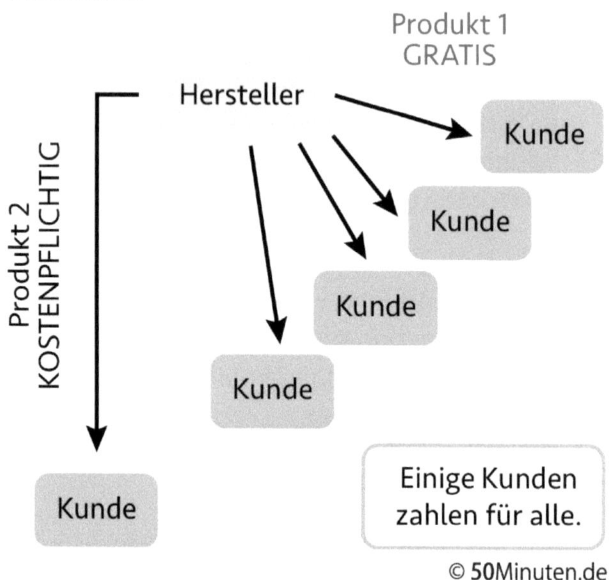


Der amerikanische Geschäftsmann und Venture-Capitalist Fred Wilson (geboren 1961) empfiehlt die Freemium-Methode und äußert sich dazu offen auf seinem Blog:

> Bieten Sie Ihren Dienst gratis an, gegebenenfalls werbefinanziert, gewinnen Sie viele Kunden durch Mund-zu-Mund-Propaganda, Empfehlungsnetzwerke, Platzierung in Suchmaschinen usw., und bieten Sie Ihrem

Kundenstamm dann zu einem Aufpreis Zusatzleistungen oder eine erweiterte Version Ihres Dienstes an.[1]

## GUT ZU WISSEN: VENTURE-CAPITALIST

Dieser Begriff bezeichnet einen Investor in Risikokapital. Bei Risikokapital kann es sich um junge Unternehmen oder Start-ups handeln, die bei der Investition ein hohes finanzielles Risiko darstellen, allerdings auch ein großes Wachstumspotenzial besitzen.

# ZWISCHEN *FREE* UND *PREMIUM*

Das Freemium-Modell wird also dadurch ausgeglichen, dass zwei verschiedene Produktversionen angeboten werden, eine gratis und eine kostenpflichtig.

Es handelt sich dabei jedoch keineswegs um ein sozialistisches Modell mit dem Ziel, die Produkte gerade einem bestimmten Teil der Bevölkerung kostenlos zur Verfügung zu stellen. Unternehmen, die ihren Businessplan auf dieses

---

1. Übersetzt für 50Minuten.de

Modell gründen, hoffen vielmehr, kontinuierlich neue Kunden zu gewinnen, die auch bereit sind, für die Premiumversion zu bezahlen.

Wie wird dieses Gratismodell finanziert? Wie werden dadurch Premiumkunden angezogen? Hierbei ist zu beachten, dass sich Freemium gerade für digitale Produkte und Informationstechnologien eignet und daher stark an Computer und Internet gebunden ist. Da die Anschaffungs- bzw. Anwendungskosten von Computern und Internet sinken, wird auch die Entwicklung von entsprechenden Produkten immer günstiger. Ein Beispiel für solch sinkende Produktionskosten sind MP3-Dateien, bei denen quasi nur die Herstellung der ersten Kopie etwas kostet – unabhängig davon, ob danach 100 oder 10.000 weitere Kopien erstellt werden. Aus wirtschaftlicher Sicht nähern sich in diesem Fall die Grenzkosten (Kosten, die ab der zweiten produzierten Einheit entstehen) null an. Somit ist eine bestimmte Anzahl verkaufter Produkte ausreichend, um die gesamten Produktionskosten zu decken. Diese neue Situation hat großen Anteil an der Verbreitung von Freemium in der digitalen Welt. Außerdem ist es mittlerweile möglich, die

Verwendung eines Programms zeitlich zu beschränken bzw. nicht alle Funktionen der digitalen Produkte und Dienstleistungen freizugeben.



Da das Produkt in beliebig großer Menge angeboten werden kann, ohne dabei höhere Kosten zu verursachen, wenden Unternehmen mit entsprechenden Produkten das Modell an, um so viele Kunden wie möglich anzuziehen.

Das Interesse der Kunden für die Gratisversion basiert zwar gerade darauf, dass es kostenlos angeboten wird, die Rentabilität hängt jedoch vom Prozentsatz der Anwender ab, die sich (nachdem sie vom kostenlosen Produkt angelockt wurden) schließlich für die Premiumversion entscheiden. Dieser Prozentsatz ist die „Konversionsrate". Da keine rational denkende Person für ein kostenloses Produkt zahlen würde, ist es wichtig, die Gratisversion und die Premiumversion deutlich voneinander abzugrenzen, indem der kostenpflichtigen Version ein erheblicher Mehrwert hinzugefügt wird, der zahlungswillige Kunden überzeugt.

## PREMIUMARTEN

Dieser Mehrwert kann verschiedene Formen annehmen, die die Premiumarten voneinander unterscheiden. Die folgende, nicht erschöpfende Liste beschreibt die geläufigsten dieser Formen. Die erste basiert dabei auf den angebotenen Funktionen, die anderen auf der Kapazität:

- **Zusätzliche Optionen:** In der vereinfachten bzw. Light-Version (Gratisversion) werden nur die Standardfunktionen angeboten, während diese Funktionen in der kostenpflichten Version verbessert und eventuell durch weitergehende Funktionen ergänzt werden. Ein gutes Beispiel hierfür ist *Skype*: Anwender können von einem Computer aus gratis einen anderen Computer anrufen, zahlen jedoch für Anrufe ins Mobilnetz. Die Herausforderungen bei Standardversionen liegt also darin, die Anwender von der umfassenderen Version zu überzeugen.

- **Zeitliche Begrenzung:** Diese Art wird nochmals unterteilt.
  - Zeitlich begrenzte Nutzungsdauer: Bis 2014 bot *Spotify* beispielsweise das Abspielen von Musik von bis zu 10 Stunden im Monat kostenlos an, während unbegrenztes Abspielen (per Streaming) kostenpflichtig war.
  - Nutzung der Software: *Microsoft* stellt zum Beispiel eine Testversion von *Office* zur Verfügung. Diese enthält alle Funktionen, die Nutzung ist jedoch zeitlich begrenzt, da der Zugang nach Ablauf der Testphase endgültig gesperrt wird, wenn die Software in der Zwischenzeit nicht gekauft wurde. In diesem Fall erhofft sich der Hersteller, dass die Anwender das Produkt mit dauer-

haftem Zugang kaufen, weil sie sich an die Anwendung gewöhnt haben.

- **Quantitative Begrenzung:** Hier wird die Anzahl der Megabytes (MB) oder Gigabytes (GB) beschränkt – einer digitalen Maßeinheit, die in diesem Fall angibt, welche Datenmenge (bzw. welchen Platz) der Anbieter des Produkts/der Dienstleistung kostenlos zur Verfügung stellt. So bietet *Dropbox* einen Speicherplatz von 2 GB kostenlos an, bei einer Überschreitung wird die Nutzung dann kostenpflichtig.

- **Begrenzung der Nutzeranzahl:** Ein einzelner Anwender kann den jeweiligen Service gratis nutzen, ein weiterer Anwender auf demselben Computer kann jedoch nur nach Zahlung eines bestimmten Preises hinzugefügt werden. Die App *HipChat* ist ein gutes Beispiel für diese Freemium-Form. Den ersten fünf Anwendern wird die Komplettversion (Gruppenchats, häufig im professionellen Rahmen) gratis angeboten, ab der sechsten Person erlischt das Gratisangebot jedoch und alle Anwender (auch die fünf ersten) werden aufgefordert, ein Monatsabonnement abzuschließen.

# DAS FREEMIUM-MODELL: SCHWÄCHEN UND ERGÄNZUNGEN

Freemium ist ein riskantes Modell. Es bietet zwar einerseits beachtliche Vorteile im Hinblick auf Kundengewinnung und eine originelle Deckung der Produktionskosten. Andererseits bleibt die Anwendung riskant, da gerade bei mangelhafter Anpassung von Modell und Produkt gravierende Probleme auftreten können.

## SCHWÄCHEN UND KRITIK

### Vorsicht vor Trittbrettfahrern!

Trittbrettfahrer – die sich nur für das Produkt interessieren, weil es kostenlos ist – stellen das größte Risiko dar, weil das Premiumangebot für sie nie anziehend genug sein wird. Im Extremfall, in dem sich alle Anwender als Trittbrettfahrer entpuppen (Konversionsrate gleich null), wäre das Freemium-Modell ein totaler Misserfolg.

Werden die Anwender, die eigentlich keine Trittbrettfahrer sind, nicht von den Vorteilen der kostenpflichtigen Version überzeugt, führt dies ebenso zu einem Misserfolg.

## Wettbewerber

Dass Wettbewerber eine Gefahr darstellen können, ist nicht neu. Freemium-Angebote von ähnlichen Produkten bilden unweigerlich Substitutionsprodukte. Eine solche Situation kann zu einem großen Problem werden, da die Anwender zwischen den unterschiedlichen Anbietern hin- und herwechseln können, um so kontinuierlich von einem Gratisangebot zu profitieren und sich der unbegrenzten Premiumversion dabei anzunähern, ohne jedoch zu zahlen.

## Benachteiligte Kunden?

Während das Unternehmen einigen Risiken ausgesetzt ist, entstehen auch für Kunden gewisse Nachteile. So haben diese lediglich eingeschränkt Kontrolle über das Gratisprodukt und können nur in sehr begrenztem Maße Forderungen stellen. Zwar sind die Kunden normalerweise König, bei einem Gratisprodukt wird dieses Privileg jedoch nicht gewährt. Eine kostenlose App im Internet kann beispielsweise von einem Tag auf den anderen ohne Vorankündigung verschwinden, wodurch die an das Angebot gewöhnten Kunden wahrscheinlich benachteiligt werden.

Zudem existiert ein recht kontroverser Sonderfall des Freemium: das Pay2Win-Prinzip bei Computerspielen. Bei diesem einseitigen Phänomen besitzen Spieler der Premiumversion höhere Gewinnchancen als Gratisversion-Spieler – unabhängig von ihrem Können.

## ERGÄNZUNGEN UND VERWANDTE MODELLE

### Finanzierung durch Werbung

Eine Erweiterung des Freemium-Modells ist Adware (aus den englischen Wörtern **ad**vertisement (Werbung) und *soft***ware**). Es handelt sich dabei um kostenlos angebotene Leistungen, die von permanenter, teilweise sehr aufdringlicher Werbung begleitet werden. Dank der Werbung können die Kosten für die Entwicklung der Software bzw. des Videospiels gedeckt werden, sodass es gratis angeboten werden kann. Es ist jedoch möglich, eine werbefreie Version kostenpflichtig zu erwerben. Bezieht man dieses Prinzip auf Freemium, entspräche die Premiumversion der werbefreien Version der Adware.

## Freeware: keine freie Software

Freeware (aus den englischen Wörtern *free* (kostenlos) und *soft*ware) ist eine Software, deren Anwendung zwar kostenlos, in manchen Fällen jedoch eingeschränkt ist. Sie unterscheidet sich damit von freier Software, die umfangreiche Freiheiten (z. B. Zugang zu Quellcodes) gewährt. Häufig werden Programme als Freeware bezeichnet, die vom Hersteller völlig kostenfrei, lediglich unter Einbehaltung des Urheberrechts angeboten werden. Die Gratisversion kann aber auch als Lockprodukt verwendet werden, mit dem die Anwender zum Kauf der kostenpflichtigen Version oder anderer Produkte des Anbieters bewegt werden sollen. Ein anderes Ziel ist, Abhängigkeit vom Produkt zu schaffen: Durch das kostenlose Angebot wird es zum Standard in seinem Bereich. Diese Methode basiert auf Trials oder Probephasen, in denen das Produkt zeitlich begrenzt kostenlos angeboten wird.

## Freemium auch im Kultursektor

Werden die Schwächen gründlich analysiert und vor allem als Eignungsindikator für das als Freemium-Version angebotene Produkt verwendet, bietet das Modell durchaus Rentabilitätspotenzial.

Die erfolgreiche Ausweitung des Modells auf andere Branchen kann besonders gut im Kultursektor veranschaulicht werden. Die Musik-industrie zeichnet sich gerade dank der Entwicklung der CD und später des MP3 durch sehr niedrige Grenzkosten aus. Zudem haben einige Künstler, darunter *Radiohead* im Jahr 2007 und *Nine Inch Nails* 2008 die Freemium-Methode übernommen und zu einer Verkaufsstärke gemacht: Da der Download ihrer Alben gratis ist, haben sie die Preise für Konzertkarten an-gehoben oder bieten exklusive Versionen eines Albums zum Kauf an.

# DAS FREEMIUM-MODELL IN DER PRAXIS

## GOLDENE REGELN DES FREEMIUM-MODELLS – ERFOLGSFAKTOREN

In der Praxis sollten einige Punkte zur Anwendbarkeit des Modells auf das Produkt beachtet werden, damit das Freemium-Modell zum Erfolg wird.

Diese Erfolgsfaktoren können in vier Schritten zusammengefasst werden:

• Zunächst müssen die Zielgruppe und weitere potenzielle Kunden erreicht werden. Die Freemium-Methode hängt stark von der Nutzeranzahl der Gratisversion ab. Je mehr Menschen an der kostenlosen Anwendung der Standard- bzw. Lightversion interessiert sind, desto höher ist die Wahrscheinlichkeit, Kunden zu gewinnen, die bereit sind, für die umfassendere Version zu bezahlen.

**Erfolgsfaktor:** Die Zielgruppe muss weit gefasst sein. Der Prozentsatz der Kunden, die sich für die kostenpflichtige Version entscheiden, ist im Allgemeinen niedrig. Daher muss die Kundenbasis der Gratisversion so ausgeweitet werden, dass die Anzahl an Konversionskunden hoch genug ist, um die Produktionskosten zu decken. Das setzt voraus, dass das Produkt gut sichtbar ist und der Gratis-Aspekt hervorgehoben wird.

- Des Weiteren muss ein guter Qualitätsstandard gewahrt werden. Zwar sind die Forderungen, die Kunden bei einem Gratisprodukt stellen können, eingeschränkt, allerdings muss der Hersteller, wenn er Kunden vom Kauf der Premiumversion überzeugen möchte, eine Gratisversion anbieten, deren (nicht allzu eingeschränkte) Funktionen einen wirklichen Ausblick auf die kostenpflichtige Version gewähren. Wie bei Parfümproben, die gratis verteilt werden, um neue Kunden zu gewinnen, muss das „free"-Produkt dem Premiumprodukt entsprechen. Das Bild, das durch die Gratisversion entsteht, wird schließlich durch Mund-zu-Mund-Propaganda und soziale Netzwerke verstärkt, die bei der Kommunikation eine wesentliche Rolle spielen. Allerdings müssen hier beide Seiten der Medaille betrachtet werden, da so auch Informationen über Qualitätsmängel des Produkts schnell bekannt werden und dies Kaufentscheidungen stärker beeinflussen kann als bei einem „normalen" Produkt. Dies kann sich positiv wie auch negativ auf die Anwenderanzahl der Gratisversion bzw. der Premiumversion auswirken.

**Erfolgsfaktor:** Das Freemium-Modell ermöglicht den Kunden quasi, das Produkt vor dem Kauf zu testen. Die Mission dabei: Die Qualitätsansprüche der Kunden zu befriedigen und sie für das Produkt zu gewinnen.

- Ebenso ist es sinnvoll, die Kosten für den Betrieb der Gratisversion zu minimieren. Dadurch werden weniger Premiumanwender benötigt, um die Produktions- und Vertriebskosten beider Versionen zu decken. Dieses Vorgehen hängt direkt mit den Grenzkosten der Produktion zusammen, die sich so weit wie möglich null annähern müssen. Mit anderen Worten sollen die Kosten für die beiden Produkte (eine kostenlose und eine kostenpflichtige Version) minimal gehalten werden. Beim Vertrieb gilt das gleiche Prinzip: Die Übertragung muss kostengünstig, schnell und problemlos sein. Der Schlüssel zum Erfolg liegt dabei in der Finanzierung der Produktion beider Versionen durch die Konversion von Kunden zur Premiumversion. Wie bereits erwähnt, stellt die Anwendung des Freemium-Modells bei digitalen Produkten gerade deswegen meist keine Probleme dar, weil Grenzkosten und Vertrieb leicht zu kontrollieren sind. Bei materiellen Produkten können ebendiese Faktoren dagegen ein echtes Hindernis darstellen.

**Erfolgsfaktor:** Wie beim ersten Schritt muss hier ein Gleichgewicht bei der Finanzierung gefunden werden, wobei der Fokus diesmal auf dem Angebot liegt. Während beim ersten Schritt die Anzahl potenzieller Kunde maximiert wurde, sollen in diesem Schritt die potenziellen Produktionskosten minimiert werden.

- Im letzten Schritt müssen die Kunden schließlich vom Wechsel zur Premiumversion überzeugt werden. Werden alle vorigen Schritte befolgt, zieht die Gratisversion nun die Aufmerksamkeit eines Maximums an Anwendern auf sich. Wie schon im ersten Schritt erwähnt, bestimmt dieses Maximum schließlich die Anzahl an Premiumkunden. Wenn die Merkmale der Gratisversion jedoch den Ansprüchen bereits genügen und so das Interesse an der Premiumversion dämpfen, besteht die Gefahr, dass man nicht über die Ausgangssituation (viele Anwender der Gratisversion, jedoch wenige Premiumanwender) hinauskommt. Es ist daher wichtig, die richtige Form des Freemium (siehe Das Freemium Modell in der Theorie) auszuwählen und attraktive Zusatzleistungen lediglich für die kostenpflichtige Version anzubieten. Die Vorteile für den Wechsel zum Premiumprodukt müssen deutlich erkennbar und leicht abzuwägen sein.

**Erfolgsfaktor:** Die Konversionsrate, bezogen auf die Kosten für die Anwendung des Modells, bestimmt über Erfolg oder Misserfolg der gewählten Freemium-Form. Eine hohe Konversionsrate wird erreicht, wenn Anwender der Gratisversion langfristig an das Produkt gebunden werden und eine sinnvolle Strategie angewandt wird – sei es im Hinblick auf die Vorteile der Premiumversion oder auf die Deutlichkeit und Sichtbarkeit der Informationen bezüglich dieser Vorteile.

Ist der Anwender vom Test überzeugt und zieht ihn das Premiumangebot noch mehr an, zahlt sich der Einsatz aus und die Balance wird gehalten.

## FALLSTUDIE – *SKYPE* UND *SPOTIFY*

### *Skype*

Skype wurde 2003 von Janus Friis (geboren 1976) und Niklas Zennström (geboren 1966) als neue, kostenfreie Kommunikationsmethode zur Nachrichtensofortübertragung (Instant Messaging, IM) und Internettelefonie (Voice-over-IP, VoIP) entwickelt. Diese Funktionen wurden später um Videoanrufe ergänzt. *Skype* wurde im Jahr 2005 von *eBay* und 2011 von *Microsoft* aufgekauft.

Neben den Gratisleistungen bietet dieses innovative Programm auch kostenpflichtige Premiumleistungen an, wie zum Beispiel *SkypeOut*, mit dem ins Fest- und Mobilfunknetz angerufen werden kann. Obwohl diese Funktion nicht gratis ist, bleibt sie doch dem Standardtelefonverkehr gegenüber wettbewerbsfähig – gerade bei Ferngesprächen. Außerdem kann eine Skype-Telefonnummer erworben werden, um auch selbst Anrufe aus dem Fest- und Mobilfunknetz zu empfangen (*SkypeIn*).

Die Anzahl potenzieller Skype-Anwender ist schon auf den ersten Blick groß. Die Möglichkeit, den Computer zu verwenden, eingesparte Kommunikationskosten und eine mehr als zufriedenstellende Anrufqualität überzeugen auf Anhieb und bewegen zur Anwendung dieses innovativen Programms. Neben der Leistungsqualität spielt auch der Netzwerkeffekt eine wichtige Rolle, da durch ihn auf subtile Weise potenzielle Neukunden angezogen werden: Die von Skype in der Gratisversion zur Verfügung gestellten Funktionen sind nur nützlich, wenn der Bekanntenkreis des Anwenders auch ein Skype-Konto besitzt. Es ist schwierig, ein Programm zu nutzen, wenn man alle seine Kontakte erst davon überzeugen muss, es einem gleichzutun. Die Attraktivität des Premiumangebots basiert vor allem auf der beschriebenen Kundenbindung und auf dem Preis, der mit dem der Standard-Telefonanbieter konkurriert.

Im Schnitt wird *Skype* pro Monat von rund 184 Millionen Anwendern genutzt. Davon verwenden 8,1 Millionen eine der beiden Premiumversionen. Dank einer Konversionsrate von mehr als 6 % und einer Technik, die mit der gleichen Geschwindigkeit weiterentwickelt wird wie die Computer der Anwender, gilt die Rentabilität der Software als gesichert.

Zudem sind die Betriebskosten minimal. Im Jahr 2010 arbeiteten beispielsweise lediglich 65 der 839 Mitarbeiter im Kundenservice. Der After-Sales-Service wurde teilweise durch Diskussions- und Hilfsforen ersetzt, in denen sich Kunden gegenseitig helfen können.

Dennoch bestehen einige Risiken: Wegen der Konkurrenz, die *Skype* für Telefonanbieter darstellt, könnten diese bereits geschlossene Partnerschaften aufkündigen und damit *SkypeOut* und *SkypeIn* die Grundlage entziehen – indem sie zum Beispiel *Skype* die Nutzung ihrer Netze verweigern.

Der Kauf von *Skype* durch *Microsoft* sorgte 2011 für Verunsicherung, weil nicht klar war, ob das Geschäftsmodell erhalten bleiben würde. Es scheint aber so, als würde das Angebot auch weiterhin teilweise kostenfrei bleiben. Sicher ist jedoch, dass der VoIP-Markt auch in den nächsten zehn Jahren dynamisch bleiben wird und dass es sicherlich weitere Neuentwicklungen in der Branche geben wird, die ebenfalls beachtet werden müssen.

*Skype* ist also ein gutes Beispiel für die verschiedenen Schritte und Kriterien, die befolgt werden sollten, um aus dem Freemium-Modell eine Erfolgsgeschichte zu machen, obwohl dabei immer gewisse Risiken bestehen. In diesem Fall betrifft dies die Kostenstruktur (Aufkündigung von Partnerschaften mit Telefonanbietern) und Unsicherheit für die Anwender (Übergang zu einem kostenpflichtigen Modell für alle Funktionen).

## *Spotify*

In dieser Fallstudie wird *Spotify* betrachtet, eines der Unternehmen, die gratis Musikstreaming anbieten.

*Spotify* wurde 2006 von den beiden schwedischen Unternehmern Daniel Ek (geboren 1983) und Martin Lorentzon (geboren 1969) gegründet. Das Hauptangebot des Programms ist das Streaming (kontinuierliche Übertragung von Daten über das Internet, im Gegensatz zur Übertragung durch Download) von Musik. Es werden zwei verschiedene Versionen angeboten:

- Die kostenlose Basisversion *Spotify Free* ermöglicht das Abspielen von Musik im Internet. Die Musik wird allerdings regelmäßig durch Werbung unterbrochen.
- Die teuerste und umfassendste Version, *Spotify Premium*, bietet zusätzlich unter anderem die Möglichkeit, das Konto auch auf Tablet und Smartphone zu nutzen – selbst ohne Internetverbindung.

Bei Kundengewinnung und Aufbau des Kundenstamms konnte *Spotify* nicht wie *Skype* vom Netzwerkeffekt profitieren. Stattdessen wurden zwei andere Methoden angewandt:

1. Zusammenarbeit mit sozialen Netzwerken wie *Twitter* und *Facebook*: Dies ermöglicht es *Spotify*-Anwendern, Musiktitel im Netzwerk zu teilen. So geteilte Musik kann jedoch nur angehört werden, wenn *Spotify* installiert und ein Konto eingerichtet wurde, wodurch die Anzahl der Anwender schnell anstieg.

2. Anmeldung (zu Beginn) nur auf Einladung: Da die Anzahl der Einladungen begrenzt war, mussten Anwender, die ihre Musik teilen wollten, eine Auswahl treffen und konnten nur die Kontakte einladen, die *Spotify* vermutlich am ehesten schätzen würden. *Spotify* konnte dank dieser Strategie schon von Anfang an Kunden gewinnen, die mehrheitlich potenzielle Premiumkunden waren.

In Zahlen ausgedrückt: Die Anzahl der *Spotify*-Nutzer beläuft sich auf 159 Millionen, davon sind 71 Millionen zahlende Abonnenten.

Die größte Schwierigkeit des Unternehmens liegt im Kauf der Lizenzen von Produzenten und Plattenlabels – unerlässlich für die Übertragung von Musik. Diese Abhängigkeit generiert entsprechend auch den Großteil der Kosten, wogegen Streaming selbst recht kostengünstig ist (das Programm wird, wie bei *Skype*, auf dem Computer des Anwenders installiert, während der Webplayer *Open Spotify* sogar ohne Abonnement und Download genutzt werden kann). Dies gefährdet die Grenzkosten, die sich null annähern sollten und einen zentralen Bestandteil des Freemium-Modells darstellen.

Betrachtet man die Entwicklung von *Spotify*, so können schon jetzt große Veränderungen festgestellt werden. 2012 wurde das Streaming für Nutzer der Gratisversion auf 10 Stunden im Monat und das Abspielen eines einzelnen Stücks auf fünfmal begrenzt. 2014 wurde diese Beschränkung jedoch wieder aufgehoben. Die Gratisversion unterscheidet sich von der Premiumversion nun hauptsächlich durch die eingespielte Werbung und die Übertragungsrate.

*Spotify* zeichnet sich durch eine gewisse Originalität aus, die durch die Kombination verschiedener Geschäftsmodelle besteht: Finanzierung durch Abonnements, dazu Werbung, die die Premium-Versionen attraktiver werden lässt etc. Es kann nicht ausgeschlossen werden, dass auf lange Sicht ein

System eingeführt wird, in dem ausschließlich Premiumversionen angeboten werden, da die Kostenstruktur aufgrund der Abhängigkeiten von Plattenlabels komplexer ist.

# ZUSAMMENGEFASST

- In der Marktwirtschaft gibt es verschiedene Arten von Gratisangeboten, darunter das Freemium. In diesem Modell werden zwei Versionen von einem Produkt bzw. einer Dienstleistung angeboten: eine Version ist kostenlos (*free*), die andere kostenpflichtig (*premium*).
- Der Vorzug der kostenpflichtigen Version liegt in der Regel bei umfassenderen bzw. zusätzlichen Funktionen, die die Gratisversion nicht bietet.
- Ziel dieser Strategie ist, zunächst ein Maximum an Kunden zu gewinnen.
- Anschließend soll die Konversionsrate maximiert werden. Diese bezieht sich auf den Prozentsatz der Anwender, die zur Premiumversion wechseln.
- Es gibt verschiedene Formen des Freemium-Modells: Die Premiumversion kann zusätzliche Funktionen (*Skype*), unbegrenzte Nutzung (*Spotify*) oder Datenvolumen (*Dropbox*) bieten, oder ermöglicht die Nutzung des Produkts durch mehrere Anwender (*HipChat*).

- Freemium eignet sich als Geschäftsmodell nicht für alle Produkte: Risiken wie Trittbrettfahrer oder starke Konkurrenz können den Mehrwert des Produkts zunichtemachen.
- Der Nachteil für Kunden liegt in der eingeschränkten Kontrolle, die sie über die Gratisversion haben.

*Ihre Meinung ist uns wichtig!*
*Hinterlassen Sie doch einen Kommentar auf der*
*Seite unserer Online-Buchhandlung*
*und teilen Sie Ihre Favoriten in den sozialen*
*Netzwerken!*

# DARÜBER HINAUS

## LITERATURVERZEICHNIS


- Andersen, Chris: *Free. Kostenlos. Geschäftsmodelle für die Herausforderungen des Internets.* Aus dem Englischen von Birgit Schöbitz und Dzifa Vode. Campus Verlag: Frankfurt/Main 2009.

- Bomsel, Olivier: *L'économie immatérielle. Industries et marchés d'expériences.* Gallimard: Paris 2010.

- *Compare Business Products*: „The Best and Worst Uses Of The Freemium Business Model". Produktvergleiche (auf Englisch). (25.01.2011). http://www.comparebusinessproducts.com/fyi/best-worst-freemium-businesses (05.06.2018).

- Homepage von *Skype* http://www.skype.com/ (05.06.2018).

- Homepage von *Spotify* http://www.spotify.com/ (05.06.2018).

- Porter, Michael E.: „Strategy and the Internet". In: *Harvard Business Review* 79 (3, März 2001). S. 62-78.

- Rosoff, Matt: „Spotify Bleeding From Licensing Costs". In: *Business Insider.* (22.11.2010). http://www.businessinsider.com/spotify-needs-more-paying-subscribers-to-survive-2010-11 (05.06.2018).

- Wiels, Jason: „Le Freemium, nouvelle recette ou vieille formule?" *Regards sur le numérique.* Artikel zu digitalen Themen (auf Französisch). (26.03.2012). http://www.rslnmag.fr/post/2012/03/26/Le-freemium-nouvelle-formule-ou-vieille-recette-.aspx (05.06.2018).

- Wilson, Fred: „My Favorite Business Modell". *Avc. com.* (23.03.2006). https://avc.com/2006/03/my_favorite_bus/ (01.06.2018).

## WEITERFÜHRENDE LITERATUR

- Schallmo, Daniel R.A. (Hrsg.): *Kompendium Geschäftsmodell-Innovation. Grundlagen, aktuelle Ansätze und Fallbeispiele zur erfolgreichen Geschäftsmodell-Innovation.* Springer Gabler: Wiesbaden. 2014.

- Nagl, Anna; Bozem, Karlheinz: *Geschäftsmodelle 4.0. Business Model Building mit Checklisten und Fallbeispielen.* Springer Gabler: Wiesbaden 2018.

Die präsentierten Inhalte werden vom Herausgeber überprüft, dennoch übernimmt dieser keine Haftung für die inhaltliche Richtigkeit, Vollständigkeit und Aktualität der vorgestellten Inhalte.



www.50Minuten.de

ISBN digitale Ausgabe: 9782808009386

ISBN gedruckte Ausgabe: 9782808010627

Pflichtexemplar: D/2018/12603/267

Cover: © Plurilingua

Digitale Aufbereitung: Primento, der digitale Partner der Herausgeber